MOINS DE 10 MINUTES

Chefclub® ▶ NETWORK

MOINS DE 10 MINUTES

CHEFCLUB
ÉDITIONS

LES RECETTES EN VIDÉO

COMMENT DÉCOUVRIR LES VIDÉOS CHEFCLUB GRÂCE AUX QR CODES ?

1

Téléchargez gratuitement **l'application Chefclub** sur votre smartphone grâce au QR code ci-contre.

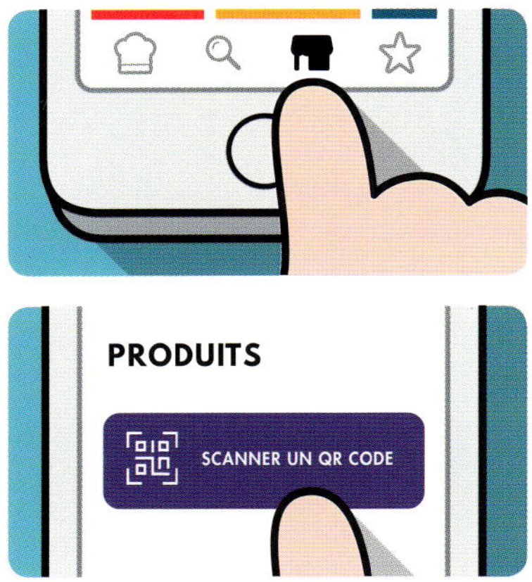

2

Rendez-vous sur l'onglet **Produit** (la petite maison en bas de l'écran) et appuyez sur **Scanner un QR code.**

3

Placez le QR code de la recette qui vous intéresse dans le cadre. La vidéo de la recette s'affiche sur votre smartphone !

TÉLÉCHARGER L'APPLI

INTRODUCTION

Depuis le début, Chefclub vous permet de déguster de bons petits plats aussi savoureux qu'originaux... Mais comment faire quand on n'a pas le temps de cuisiner ? Nous avons rassemblé pour vous nos recettes les plus rapides : elles ne vous demanderont pas plus de 10 minutes de préparation. Que votre pause déjeuner soit trop courte, que vous rentriez tard ou que vous ayez simplement la flemme de passer trop de temps en cuisine, vous allez quand même pouvoir vous régaler !

Les étapes sont condensées au mieux pour ne pas perdre de temps pendant la préparation. Le temps de cuisine est distingué du temps de cuisson pour que vous puissiez vous organiser et exploiter au mieux chaque minute ! Enfin, comme dans nos autres livres, vous retrouverez des astuces pour vous perfectionner.

Dépêchez-vous, l'heure tourne !

Bonne lecture et bon appétit !

L'équipe Chefclub

VITE,
J'AI FAIM !

PHILOSOPHIE ET ASTUCES DU CHEF

DES RECETTES QUI NOURRISSENT LE CORPS... ET L'ESPRIT

Ou plus précisément votre imagination ! Les recettes Chefclub sont aussi des bases d'inspiration pour créer de nouveaux plats. Vous pouvez être inspiré par une forme, une astuce ou une combinaison d'ingrédients et vous laisser entraîner par un nouvel élan de créativité. Chaque membre de la communauté Chefclub proposera ainsi sa version, sa façon de revisiter un plat Chefclub. Et bien sûr, chacun détiendra la meilleure recette !
Voici quelques substituts que la communauté nous suggère régulièrement.

CRÈME FRAÎCHE

Pour une version plus légère, essayez le fromage blanc allégé. Dans des sauces, vous pouvez aussi utiliser de l'huile d'olive.

JAMBON

Vous ne mangez pas de porc ? Essayez le jambon de dinde ou la viande des Grisons. Dans certaines recettes, même le saumon fumé peut être une alternative.

LARDONS

Des dés de poulet achetés tout prêts ou, mieux, retirés à un reste de poulet rôti feront parfaitement l'affaire pour qui ne mange pas de porc. Les champignons constitueront une bonne option végétarienne.

ŒUFS

Dans les gâteaux, la banane écrasée apporte la texture désirée et permet un dessert 100 % végétal !

MASCARPONE

Pour vos crèmes et vos chantilly, vous avez le choix : la crème allégée pour un régime, les petits-suisses faciles à trouver ou la ricotta à la saveur plus marquée.

LAIT

Vous êtes intolérant ou le digérez mal ? Tentez les substituts à base de soja, d'amandes ou de toutes sortes de végétaux.

MOZZARELLA RÂPÉE

Pour un côté croustillant sur les gratins, pas besoin de fromage ! Parsemez les plats avec de la chapelure ou du crumble salé : c'est délicieux.

BEURRE

Dans une recette sucrée, choisissez de la purée d'amandes ou de cacahuètes. Dans une recette salée, l'avocat apporte une texture similaire.

GAGNER DU TEMPS EN CUISINE

En cuisine, les astuces se passent de génération en génération et un bon cuisinier en a une pour toutes les occasions. Celles-ci vous aideront tout au long de ce livre :

Placez vos têtes d'**AIL** dans un bocal et secouez-le pour séparer les gousses et les éplucher sans peine.

Pour peler facilement des **POIVRONS,** faites-les cuire au four puis placez-les dans un sac congélation le temps qu'ils refroidissent. Sortez-les : la peau s'enlève toute seule.

Vous pouvez aussi cuire vos **LÉGUMES** au micro-ondes avec un peu d'eau dans un saladier recouvert de film alimentaire.

Pour que la crème **CHANTILLY** monte plus vite, placez au frais le saladier dans lequel vous allez la réaliser.

Pour réaliser facilement les recettes nécessitant des **PÂTES SABLÉES, FEUILLETÉES** ou **BRISÉES,** passez-les au frigo avant et farinez-vous légèrement les mains.

Pour éplucher un **OIGNON,** faites 3 entailles en étoile sur le sommet et épluchez-le de haut en bas.

Et bien sûr, commencez toujours par les éléments qui demandent le plus de **CUISSON.**

8 MIN
+5 MIN AU GAUFRIER

LES GAUFRES-APÉRO

VERSION BACON OU FROMAGE

4 PERSONNES

INGRÉDIENTS

Pour 12 gaufres-apéro :
6 tranches de bacon
6 Knacki®
6 tranches d'édam
3 pâtes feuilletées
Ketchup

MATÉRIEL

12 piques à brochettes
1 gaufrier

1 Cuire les tranches de bacon. Couper les Knacki® en 2 puis envelopper la moitié d'entre elles dans les tranches d'édam et l'autre moitié dans celles de bacon (1).

2 Couper les pâtes feuilletées en 4 et enrouler chaque partie autour d'une Knacki® en soudant bien les bords (2) puis les embrocher sur les piques.

3 Faire cuire les brochettes au gaufrier (3). Déguster en les trempant dans du ketchup (4).

ASTUCE CHEFCLUB

Pour des brochettes un peu plus légères et croustillantes, remplacez la pâte feuilletée par des feuilles de brick, ce sera tout aussi délicieux !

LA RECETTE EN VIDÉO

L'idée Chefclub

À LA FOIS GAUFRES ET HOT DOGS

8 MIN

LE DÔME MOZZARELLA ET SON CŒUR COULANT

UNE PETITE SURPRISE SE CACHE DANS LA MOZZA…

4 PERSONNES

INGRÉDIENTS

Pour 4 dômes :
4 tranches de pain de mie
8 tranches de jambon cru
4 boules de mozzarella
1 tomate
Pesto
Huile d'olive
Sel et poivre

MATÉRIEL

4 petits bols

1 Couper un disque de pain de mie du même diamètre que les bols dans chaque tranche (1). Badigeonner les disques d'huile d'olive salée et poivrée puis les faire dorer à la poêle (2).

2 Tapisser chaque bol de 2 tranches de jambon en les laissant dépasser sur les côtés (3) et placer 1 boule de mozzarella au centre (4). Couper le haut de la mozzarella sans le détacher complètement (5). Creuser la mozzarella, verser du pesto à l'intérieur (6) et rabattre le haut.

3 Placer 1 rondelle de tomate sur chaque boule de mozzarella puis rabattre les tranches de jambon dessus (7). Recouvrir avec les disques de pain (8), retourner pour démouler puis déguster (9).

ASTUCE CHEFCLUB

Utilisez les tranches de pain trouées au petit déjeuner le lendemain ! Faites-les griller à la poêle dans du beurre et cassez un œuf au milieu.

LA RECETTE EN VIDÉO

L'idée Chefclub

UN RÉSULTAT
3 ÉTOILES
AVEC 3 FOIS RIEN

5 MIN
+ 10 MIN AU FOUR

L'OMELETTE ROULÉE !

LE PLEIN D'ÉNERGIE DANS UN ROULEAU LIGHT & FUN

4 PERSONNES

INGRÉDIENTS

12 blancs d'œufs
30 g de paprika
20 g de poivre
2 tranches de jambon de dinde
100 g de roquette
2 tomates
Basilic
Ciboulette

MATÉRIEL

1 plaque allant au four
Papier cuisson

1 Mélanger les blancs d'œufs avec du basilic et de la ciboulette ciselés, le paprika et le poivre. Verser sur la plaque recouverte de papier cuisson (1). Enfourner 10 minutes à 160 °C.

2 Retourner l'omelette sur une planche à l'aide du papier cuisson et disposer dessus, sur un côté, le jambon, au milieu, la roquette, et sur l'autre côté, des tranches de tomates (2). Rouler l'omelette (3), couper en tranches puis déguster (4).

ASTUCE CHEFCLUB

Pour découvrir toutes nos recettes extraordinaires sans les calories, rendez-vous sur notre application ou dans notre livre *LIGHT & FUN*.

Quant aux jaunes d'œufs, vous pouvez les conserver au congélateur pendant 4 mois en ajoutant 1 pincée de sel ou 1 pincée de sucre pour 4 jaunes. Décongelez-les lentement au réfrigérateur ou en les passant sous l'eau froide.

LA RECETTE EN VIDÉO

L'idée Chefclub

UNE OMELETTE *LIGHT* :
SANS LES JAUNES
ET CUITE AU FOUR

+30 MIN AU FOUR

10 MIN

LA COURONNE PIZZA

RECEVEZ VOS AMIS COMME DES ROIS !

4 PERSONNES

INGRÉDIENTS

2 pâtes à pizza rectangulaires
50 cl de sauce tomate
100 g de mozzarella râpée
1 courgette
1 oignon rouge
20 tranches de chorizo

MATÉRIEL

1 plaque allant au four
Papier cuisson

1 Étaler la sauce tomate sur les pâtes à pizza (1) puis répartir la mozzarella dessus. Couper la courgette et l'oignon en fines rondelles.

2 Disposer une rangée de courgette, une de chorizo, une d'oignon sur 1 pâte (2) puis recommencer jusqu'à la recouvrir (3). Faire de même avec la 2nde pâte. Rouler les pâtes sur elles-mêmes (4) et les placer 15 minutes au congélateur.

3 À la sortie du congélateur, placer les 2 rouleaux sur la plaque recouverte de papier cuisson et les couper en 2 dans la longueur (5). Entrelacer entre elles les 2 parties de chaque rouleau (6-7). Coller les 2 tresses obtenues en couronne (8) puis enfourner 30 minutes à 180 °C. À la sortie du four, découper et déguster (9).

ASTUCE CHEFCLUB

Les rondelles coupées doivent être très fines. Si elles sont trop épaisses, il y aura trop de farce dans la pâte et la tresse sera très difficile à réaliser.

LA RECETTE EN VIDÉO

L'idée Chefclub

LA COURONNE TRESSÉE LA PLUS FACILE QUI SOIT

8 MIN
+25 MIN AU FOUR

LA QUICHE-SANDWICH

UN CASSE-CROÛTE À LA MONTAGNARDE

4 PERSONNES

INGRÉDIENTS

2 baguettes
4 œufs
30 cl de crème liquide
200 g de lardons
1 oignon rouge
1 reblochon entier
Persil
Sel et poivre

MATÉRIEL

1 plat carré ou rectangulaire allant au four

1 Retirer les quignons de pain et couper les baguettes en biais de façon à obtenir 4 morceaux qui épousent les contours du plat (1). Découper un rectangle de pain sur le dessus de chaque morceau pour former un creux (2).

2 Mélanger les œufs, la crème (3), les lardons préalablement grillés, l'oignon émincé, du persil ciselé, du sel et du poivre (4). Répartir ce mélange dans les creux des baguettes (5-6).

3 Couper le reblochon en croix (7) et placer chaque part dans un des 4 angles formés par les baguettes (8). Enfourner 25 minutes à 180 °C puis déguster en trempant le pain dans le fromage fondu (9).

ASTUCE CHEFCLUB

Mixez les croutes de pain découpées avec une gousse d'ail et du persil, puis parsemez cette mixture sur le fromage avant de mettre le plat au four. Il sera encore plus gratiné et parfumé !

LA RECETTE EN VIDÉO

L'idée Chefclub

**AUSSI BIEN UNE QUICHE,
UN SANDWICH
ET UNE FONDUE**

+15 MIN AU FOUR

8 MIN

LA COURGETTE-MADAME

UN CROQUE SANS PAIN BEAUCOUP PLUS SAIN

6 PERSONNES

INGRÉDIENTS

Pour 3 courgette-madame :

3 courgettes
200 g de lardons
1 oignon
9 œufs
150 g de mozzarella râpée
Persil

1 Couper le haut des courgettes posées à l'horizontale. Évider les courgettes (1) et tailler la chair en petits morceaux. Faire revenir la chair de courgettes avec les lardons et l'oignon émincé (2).

2 Farcir les courgettes avec ce mélange puis enfourner 12 minutes à 180 °C. Ajouter 3 œufs dans chaque courgette, parsemer de mozzarella râpée (3) et enfourner de nouveau 3 minutes à 180 °C. À la sortie du four, parsemer de persil ciselé puis déguster (4).

ASTUCE CHEFCLUB

N'oubliez pas de couper aussi en petits morceaux les chapeaux que vous avez ôtés aux courgettes et ajoutez-les au reste de la chair. Ce serait trop dommage de les gaspiller !

LA RECETTE EN VIDÉO

2

L'idée Chefclub

DES ŒUFS COCOTTE DANS DES COURGETTES

3

4

10 MIN

LA TARTINE CHEESEBURGER

UN PAIN DE CAMPAGNE EN AMÉRIQUE

4 PERSONNES

INGRÉDIENTS

Pour 4 tartines :

1 gros pain de campagne
200 g de cheddar râpé
200 g de mozzarella râpée
400 g de bœuf haché
1 tête d'oignon nouveau
Ketchup
Persil
Sel et poivre

1 Couper 4 tranches épaisses dans le pain de campagne et en tasser la mie pour former un creux (1). Remplir les creux de cheddar et de mozzarella râpés mélangés.

2 Saler et poivrer le bœuf haché puis le mélanger avec du persil ciselé et la tête de l'oignon nouveau émincée. Répartir la viande par-dessus les fromages râpés (2-3). Cuire les tartines à la poêle en commençant par le côté avec la viande. Déguster chaud avec du ketchup (4).

ASTUCE CHEFCLUB

Attention à ne pas trop garnir les tartines de viande pour être sûr qu'elle soit bien cuite sans que le dessus soit trop grillé.

LA RECETTE EN VIDÉO

L'idée Chefclub

UN HAMBURGER SOUS LA FORME D'UNE TARTINE

+20 MIN AU FOUR
10 MIN

LA QUICHOCHÈVRE

ELLE EST BONNE ET BÊÊÊÊÊÊLLE

6 PERSONNES

INGRÉDIENTS

250 g de lardons
1 oignon
2 bûches de chèvre
1 pâte brisée
2 œufs
15 cl de crème liquide
Persil

MATÉRIEL

1 moule à tarte

1 Émincer l'oignon puis le faire cuire avec les lardons. Couper les bûches en 2 dans la longueur (1) et former des entailles dans chacune pour pouvoir les courber (2).

2 Placer la pâte brisée dans le moule et disposer les bûches en cercle sur le bord (3). Recouvrir les bûches avec la pâte (4-5).

3 Disposer l'oignon et les lardons cuits au centre de la tarte (6). Mélanger les œufs et la crème (7) puis les verser dans la tarte. Parsemer le tout de persil ciselé (8) et enfourner 20 minutes à 180 °C. Déguster chaud avec une salade verte (9).

ASTUCE CHEFCLUB

Pour plus de douceur, badigeonnez la croûte de miel à la sortie du four : c'est le détail qui fait la différence !

LA RECETTE EN VIDÉO

L'idée Chefclub

UNE QUICHE À LA CROÛTE TRÈS FONDANTE !

+ 10 MIN AU BAIN-MARIE

5 MIN

LES BOCAUX COCOTTE

À GARNIR À VOLONTÉ

2 PERSONNES

INGRÉDIENTS

8 œufs
4 c. à s. de crème fraîche
½ poivron vert
½ poivron rouge
15 g de chorizo
15 g d'allumettes de jambon
10 g d'emmental râpé
1 tranche de saumon fumé
2 champignons de Paris
Pain
Beurre
Aneth
Persil
Sel et poivre

MATÉRIEL

4 pots en verre (conserve, confiture, Nutella®…)

1 Casser 2 œufs dans chaque pot en verre et y ajouter 1 cuillère à soupe de crème fraîche (1).

2 Intégrer les poivrons et le chorizo coupés en dés dans l'un des pots, les allumettes de jambon et l'emmental dans un autre, le saumon fumé coupé en petits morceaux et de l'aneth ciselé dans le 3e et enfin les champignons émincés et du persil ciselé dans le dernier (2).

3 Saler et poivrer les préparations avant de fermer les pots. Déposer tous les pots dans une grande casserole d'eau frémissante et laisser cuire 8 à 10 minutes (3). Déguster avec des mouillettes de pain beurré (4).

ASTUCE CHEFCLUB

Faites bien attention à ne pas crever les jaunes d'œufs en ajoutant les autres ingrédients, vous perdriez l'effet coulant au moment de la dégustation !

LA RECETTE EN VIDÉO

L'idée Chefclub

LES BOCAUX DU QUOTIDIEN RÉUTILISÉS POUR UNE CUISSON COCOTTE

+15 MIN AU FOUR
8 MIN

LE WELSCHCLUB

UN CROQUE-MONSIEUR À LA GALLOISE

4 PERSONNES

INGRÉDIENTS

9 tranches de pain de mie
80 g de moutarde
5 tranches de jambon
300 g de cheddar râpé
33 cl de bière
Persil

MATÉRIEL

1 plat allant au four

1 Étaler la moutarde sur les tranches de pain de mie et poser sur la moitié d'entre elles des demi-tranches de jambon (1). Refermer les sandwichs avec les autres tranches de pain de mie puis les couper en 2 en triangles (2).

2 Répartir le cheddar dans le plat et verser la bière dedans (3). Placer les sandwichs à la verticale dans le fromage puis enfourner 15 minutes à 180 °C. À la sortie du four, parsemer de persil ciselé puis déguster en trempant les sandwichs dans le fromage fondu (4).

ASTUCE CHEFCLUB

Rapprochez-vous encore plus des saveurs du Pays de Galles en utilisant de la bière brune avec votre cheddar. Son amertume apportera un petit plus à votre plat.

LA RECETTE EN VIDÉO

L'idée Chefclub

LE FAMEUX WELSH VERSION FACILE, POUR TOUTE LA TABLE

8 MIN
+30 MIN AU FOUR

LA TARTINE DE POULET À L'ITALIENNE

L'ITALIE À CROQUER

4 PERSONNES

INGRÉDIENTS

Pour 4 tartines :
4 tranches de pain
4 gousses d'ail
4 blancs de poulet
4 boules de mozzarella
20 tomates cerises
100 g de pousses d'épinards
70 g de parmesan râpé
Huile d'olive

MATÉRIEL

1 plaque allant au four
Papier cuisson

1 Verser un filet d'huile d'olive sur les tranches de pain et les tartiner d'ail haché. Entailler les blancs de poulet dans la largeur, sans couper totalement (1).

2 Couper les boules de mozzarella et les tomates cerises en tranches. Insérer les tranches de mozzarella dans les incisions et les rondelles de tomates cerises à côté, saler, poivrer et verser un filet d'huile d'olive dessus (2).

3 Disposer les tranches de pain sur la plaque recouverte de papier cuisson, et les recouvrir de pousses d'épinards. Placer les blancs de poulet garnis par-dessus puis parsemer de parmesan râpé (3). Enfourner 30 minutes à 190 °C et déguster chaud (4).

ASTUCE CHEFCLUB

Pour faire les incisions, placez les blancs de poulet entre 2 baguettes chinoises et enfoncez le couteau jusqu'à toucher les baguettes. Ainsi, pas besoin d'être vigilant pour ne pas les couper complètement.

LA RECETTE EN VIDÉO

L'idée Chefclub

INSÉRER LE FROMAGE ET LA TOMATE DIRECTEMENT DANS LE POULET

10 MIN

L'OMELETTE-MONSIEUR

« MANGER OU NE PAS MANGER : TELLE EST LA QUESTION » (OMLET, 1609)

2 PERSONNES

INGRÉDIENTS

1 oignon
4 œufs
50 g de mozzarella râpée
50 g de cheddar râpé
4 tranches de pain de mie
2 tranches de jambon
Huile d'olive
Ciboulette

MATÉRIEL

1 poêle

1 Faire revenir l'oignon émincé dans un filet d'huile. Mélanger les œufs avec la mozzarella, le cheddar, de la ciboulette ciselée (1) puis verser le mélange dans la poêle, sur les oignons (2).

2 Disposer 2 tranches de pain de mie côte à côte sur l'omelette (3) puis la retourner (4). Déposer les tranches de jambon au centre de l'omelette (5).

3 Rabattre les bords de l'omelette sur le jambon (6) et disposer dessus 2 tranches de pain de mie côte à côte (7). Retourner une dernière fois l'omelette (8), faire dorer quelques minutes et déguster (9).

ASTUCE CHEFCLUB

Si vous êtes un amoureux des petits déjeuners, vous pouvez réaliser cette recette avec des pancakes à la place des tranches de pain de mie. Vous obtiendrez un résultat extra-moelleux pour commencer la journée en douceur !

LA RECETTE EN VIDÉO

L'idée Chefclub

UNE CUISSON TOUT-EN-UNE

10 MIN

+ 10 MIN AU FOUR

LES COUPELLES CARBONARA

LA *PASTA* QU'ON NE PARTAGE PAS !

2 PERSONNES

INGRÉDIENTS

4 nids de tagliatelles
1 oignon
200 g de lardons
8 cl de crème fraîche
100 g de mozzarella râpée
4 jaunes d'œufs
Huile d'olive
Persil

MATÉRIEL

2 poêles

1 Placer les nids de tagliatelles dans une poêle avec l'équivalent d'un demi-verre d'eau (1) et les faire cuire à couvert jusqu'à ce que toute l'eau ait disparu.

2 Dans le même temps, émincer l'oignon et le faire revenir avec les lardons dans l'autre poêle. Répartir la crème, les lardons, les oignons et la mozzarella dans les nids de tagliatelles posés dans la poêle (2).

3 Verser un filet d'huile d'olive entre les nids et ajouter un jaune d'œuf dans chacun (3) puis poursuivre 3 minutes la cuisson à feu doux à couvert. Laisser reposer 10 minutes hors du feu sans enlever le couvercle. Parsemer de persil ciselé puis déguster (4).

ASTUCE CHEFCLUB

Il faut que les pâtes gardent leur structure de nid. Si vous mettez trop d'eau, elles deviendront molles et le montage ne tiendra pas.

LA RECETTE EN VIDÉO

L'idée Chefclub

LES PÂTES CARBO À LA POÊLE POUR UN EFFET GASTRONOMIQUE

+25 MIN AU FOUR

10 MIN

LA TRESSE SAUMON

UN FEUILLETÉ QUI FAIT DES VAGUES

6 PERSONNES

INGRÉDIENTS

150 g de ricotta
10 cl de crème liquide
1 pâte à pizza rectangulaire
10 petites tranches de saumon fumé
1 jaune d'œuf
Aneth
Poivre

MATÉRIEL

1 pinceau
1 plat à terrine

1 Mélanger la ricotta, la moitié de la crème liquide, du poivre et de l'aneth ciselé (1) puis étaler ce mélange sur la pâte à pizza (2). Disposer les tranches de saumon par-dessus (3) puis rouler la pâte sur elle-même, le plus serré possible (4).

2 Couper 3 tronçons de 2 cm d'épaisseur sur le bord du rouleau. Diviser en 2 dans la longueur le reste du rouleau en laissant une des extrémités intacte (5).

3 Écarter les 2 moitiés et les tordre pour placer leurs faces intérieures vers le haut (6). Placer 1 des tronçons à leur intersection et faire passer les 2 bandes l'une sur l'autre en l'entourant (7). Placer le 2e tronçon dans la nouvelle intersection et l'entourer de nouveau avec les 2 bandes. Recommencer une 3e fois afin que les 2 bandes se rejoignent autour du dernier tronçon.

4 Badigeonner la tresse de jaune d'œuf avec le pinceau (8) puis la placer dans le plat à terrine. Enfourner 25 minutes à 210 °C. À la sortie du four, découper puis déguster en trempant dans de la crème à l'aneth (9).

ASTUCE CHEFCLUB

Il n'est pas nécessaire de saler la crème, le saumon fumé que vous allez placer dessus est suffisamment salé lui-même. En revanche, vous pouvez y mettre des baies roses, elles s'accordent parfaitement à ce plat.

LA RECETTE EN VIDÉO

L'idée Chefclub

UN TRESSAGE ORIGINAL POUR UN RENDU IMPRESSIONNANT

10 MIN
+5 MIN À LA POÊLE

LA PIZZA BURGER

2 STARS DANS UNE MÊME POÊLE

6 PERSONNES

INGRÉDIENTS

1 oignon
350 g de bœuf haché
2 pâtes à pizza
100 g de cheddar râpé
1 boule de mozzarella
Tabasco® rouge
Cornichons
Persil
Ketchup

MATÉRIEL

1 poêle

1 Émincer l'oignon et le faire revenir avec le bœuf haché et quelques gouttes de Tabasco® (1).

2 Placer 1 pâte dans la poêle et déposer la moitié du bœuf cuit par-dessus (2). Parsemer de persil ciselé et ajouter le cheddar râpé (3-4). Recouvrir avec le reste de bœuf, disposer des rondelles de cornichons puis déposer la boule de mozzarella au milieu (5).

3 Recouvrir avec la 2e pâte et bien souder les pâtes ensemble (6-7). Retourner la pizza et faire cuire le 2e côté 5 minutes. Découper puis déguster avec du ketchup au Tabasco® (8-9).

ASTUCE CHEFCLUB

Pour retourner facilement votre pizza, utilisez une assiette que vous poserez sur la pâte à pizza avant de retourner le tout. Il ne reste plus qu'à la faire glisser, sur son autre face, dans la poêle.

LA RECETTE EN VIDÉO

L'idée Chefclub

LES INGRÉDIENTS D'UN BURGER ENTRE 2 PÂTES À PIZZA

+ 20 MIN AU FOUR

8 MIN

LE GRATIN DE COURGETTES ESTIVAL

LA COURGETTE FARCIE COMME UN TIAN

6 PERSONNES

INGRÉDIENTS

3 courgettes
1 boule de mozzarella
250 g de tomates cerises jaunes
30 tranches de chorizo
25 cl de sauce tomate

MATÉRIEL

1 plat allant au four
Baguettes chinoises

1 Couper les courgettes en 2 (1). Placer les demi-courgettes entre des baguettes chinoises puis faire plusieurs entailles jusqu'à toucher les baguettes (2). Couper la mozzarella en demi-tranches et les tomates cerises en rondelles (3-4). Plier les tranches de chorizo en 4.

2 Placer alternativement le chorizo, la mozzarella et les tomates cerises dans les entailles des courgettes (5-6).

3 Verser la sauce tomate dans le plat (7) et poser les courgettes garnies dessus (8). Enfourner 20 minutes à 180 °C puis déguster (9).

ASTUCE CHEFCLUB

Plus vous entaillerez les courgettes, plus elles seront fondantes après cuisson et plus vous pourrez garnir votre gratin !

LA RECETTE EN VIDÉO

L'idée Chefclub

UN GRATIN COMPOSÉ DIRECTEMENT DANS LE LÉGUME

+ 15 MIN AU FOUR
5 MIN

L'AUMÔNIÈRE COCOTTE

L'ŒUF COCOTTE DE LA MER LIGHT & FUN

4 PERSONNES

INGRÉDIENTS

2 pavés de saumon
2 poireaux
4 feuilles de brick
4 œufs
Huile d'olive
Ciboulette
Sel et poivre

MATÉRIEL

4 ramequins

1 Cuire à la poêle les pavés de saumon coupés en dés et les poireaux émincés avec un filet d'huile d'olive, du sel et du poivre (1).

2 Placer 1 feuille de brick dans chaque ramequin. Répartir le mélange sur chaque feuille de brick (2) et casser un œuf par-dessus (3). Enfourner 10 minutes à 180 °C. À la sortie du four, parsemer de ciboulette ciselée puis déguster (4).

ASTUCE CHEFCLUB

Pour un plat encore plus léger vous pouvez cuire les poireaux et les saumons à la vapeur. Le goût sera toujours au rendez-vous ! Coupez-les avant de les cuire pour accélérer la cuisson.

LA RECETTE EN VIDÉO

2

L'idée Chefclub

UN RAMEQUIN POUR FORMER FACILEMENT L'AUMÔNIÈRE

3

4

5 MIN
+ 20 MIN AU FOUR

LA COURGETTE-BATEAU

À BABORD OU À TRIBORD, ELLE RESTE DÉLICIEUSE

4 PERSONNES

INGRÉDIENTS

2 grosses courgettes
250 g de mascarpone
1 gousse d'ail
100 g de mozzarella râpée
4 tranches de bacon
Persil
Sel et poivre

MATÉRIEL

1 plaque allant au four
Papier cuisson

1 Couper les courgettes en 2 dans la longueur et creuser leur chair à l'aide d'une cuillère. Couper cette chair en petits morceaux puis la mélanger avec le mascarpone, du persil ciselé, l'ail haché, du sel et du poivre (1). Farcir les demi-courgettes vidées avec ce mélange (2).

2 Répartir dessus la mozzarella puis enrouler les tranches de bacon autour des demi-courgettes (3). Déposer les courgettes-bateaux sur la plaque recouverte de papier cuisson, enfourner 20 minutes à 180 °C puis déguster (4).

ASTUCE CHEFCLUB

Pour une version végétarienne, aussi bonne et aussi rapide, remplacez le bacon par des lamelles de carottes taillées à l'épluche-légumes.

LA RECETTE EN VIDÉO

L'idée Chefclub

TOUT UN PLAT DANS UNE DEMI-COURGETTE

+ 15 MIN AU FOUR
8 MIN

LES HOT DOGS RACLETTE

UNE RACLETTE À MANGER AVEC LES DOIGTS

4 PERSONNES

INGRÉDIENTS

2 baguettes de pain
4 Knacki®
8 tranches de raclette
1 oignon rouge
3 œufs
15 cl de crème liquide
Persil
Sel et poivre

MATÉRIEL

1 plat allant au four

1 Après avoir retiré les quignons de pain, diviser chaque baguette en 4 parts égales et les placer dans le plat. Découper un rectangle de pain sur le dessus de chaque morceau pour former un creux (1).

2 Couper les Knacki® en 2. Enfoncer 1 tranche de raclette dans chaque trou, ajouter une demi-Knacki® (2) et répartir par-dessus l'oignon émincé.

3 Mélanger les œufs et la crème avec du persil ciselé, du sel et du poivre puis répartir ce mélange dans les morceaux de pain (3). Enfourner 15 minutes à 180 °C puis déguster chaud (4).

ASTUCE CHEFCLUB

Ne jetez surtout pas les quignons et les rectangles de pain retirés ! Vous pouvez les faire sécher et les utiliser pour faire des croûtons dans vos soupes ou les émietter en chapelure. Conservez-les au sec, ça vous servira toujours !

LA RECETTE EN VIDÉO

L’idée Chefclub

8 HOT DOGS GOURMANDS EN 1 SEULE CUISSON

10 MIN
+ 15 MIN À LA POÊLE

LA CALZONE MONTAGNARDE

LE CHAUSSON QUI RÉCHAUFFE

4 PERSONNES

INGRÉDIENTS

1 oignon
5 œufs
1 pâte à pizza
5 tranches de jambon cru
9 tranches de raclette
Cornichons

MATÉRIEL

2 poêles (dont 1 grande)

1 Faire revenir l'oignon émincé dans la plus petite poêle. Dans le même temps, battre les œufs puis les verser dans la grande poêle (1). Laisser cuire l'omelette d'un côté puis la recouvrir avec la pâte à pizza (2). Retourner le tout dans la poêle.

2 Disposer les tranches de jambon (3) puis la raclette sur l'omelette (4). Ajouter ensuite l'oignon cuit (5) et des rondelles de cornichons.

3 Plier la pizza en 2 (6), bien souder les bords (7) puis laisser cuire 15 minutes à couvert (8). Retourner pour griller légèrement l'autre face puis servir et déguster (9).

ASTUCE CHEFCLUB

Pour bien dorer vos oignons sans les brûler, vous pouvez les passer dans la farine avant de les mettre dans la poêle avec un filet d'huile d'olive. Ils seront caramélisés mais pas cramés !

LA RECETTE EN VIDÉO

L'idée Chefclub

TOUTE LA PRÉPARATION SE FAIT À LA POÊLE

+ 15 MIN AU FOUR

8 MIN

LE CROQUE-4 FROMAGES

QUAND LE CROQUE-MONSIEUR DÉTRÔNE LA PIZZA

6 PERSONNES

INGRÉDIENTS

18 tranches de pain de mie
6 tranches de jambon
25 cl de béchamel
½ camembert
200 g de cheddar râpé
½ reblochon
1 boule de mozzarella
Persil

MATÉRIEL

1 plaque allant au four
Papier cuisson
1 rouleau à pâtisserie

1 Disposer 9 tranches de pain de mie sur la plaque recouverte de papier cuisson de façon à former un grand carré de 3 tranches par 3 puis aplatir le tout avec le rouleau à pâtisserie (1).

2 Étaler dessus le jambon puis le recouvrir de béchamel. Parsemer de persil ciselé (2). Recouvrir avec les tranches de pain de mie restantes.

3 Couper le camembert en tranches et les disposer sur un quart du carré. Recouvrir un autre quart de cheddar râpé. Disposer le reblochon coupé en tranches sur le 3ᵉ quart (3) et recouvrir le dernier avec la mozzarella.

4 Enfourner 15 minutes à 180 °C, parsemer de persil ciselé, découper en portions et déguster chaud (4).

ASTUCE CHEFCLUB

Raclette, comté, mimolette, brie, cantal, bleu ou simplement emmental… N'hésitez pas à utiliser tous les fromages que vous avez dans le frigo pour réaliser cette recette. Plus on met de fromages plus on rit !

LA RECETTE EN VIDÉO

L'idée Chefclub

UN CROQUE-MONSIEUR POUR TOUS LES GOÛTS ET TOUTE LA TABLE

+25 MIN AU FOUR

5 MIN

LA TARTE TORSADE

ELLE VA VOUS FAIRE TOURNER LA TÊTE

6 PERSONNES

INGRÉDIENTS

2 pâtes à pizza
100 g de pâte à tartiner
1 jaune d'œuf
60 g d'amandes
Glace à la vanille
Nappage caramel

MATÉRIEL

1 plat à tarte
1 pinceau

1 Étaler la pâte à tartiner sur 1 pâte à pizza (1), la recouvrir avec la 2nde puis couper le tout en lamelles d'1 cm de large (2). Torsader toutes les lamelles (3-4).

2 Disposer les torsades en escargot dans le plat à tarte (5). Badigeonner de jaune d'œuf (6) et saupoudrer d'amandes concassées (7).

3 Enfourner 25 minutes à 180 °C (8). Déguster avec de la glace à la vanille et du nappage caramel (9).

ASTUCE CHEFCLUB

Pour concasser facilement toutes sortes de noix et fruits secs, vous pouvez les placer dans un sac congélation et faire rouler dessus un rouleau à pâtisserie.

LA RECETTE EN VIDÉO

L'idée Chefclub

UNE PIZZA SUCRÉE AUSSI BONNE QUE JOLIE

+15 MIN AU FOUR
10 MIN

LA POMME TRÉSOR

UN PETIT CADEAU SE CACHE À L'INTÉRIEUR

4 PERSONNES

INGRÉDIENTS

1 pomme verte
1 pomme rouge
4 noix
4 caramels
2 pâtes feuilletées
100 g de compote de pommes
2 jaunes d'œufs
Sucre glace

MATÉRIEL

1 ramequin
1 plaque allant au four
Papier cuisson
1 pinceau

1 Couper les pommes en 2 et retirer les trognons (1). Placer 1 noix et 1 caramel dans chaque moitié à la place du trognon (2-3).

2 Découper 8 disques légèrement plus grands que les pommes dans les pâtes feuilletées. Avec un couteau, faire plusieurs entailles parallèles d'1 cm d'écart dans 4 des disques (4). Étirer les disques de pâte entaillés sur le ramequin posé à l'envers (5).

3 Déposer les 4 disques sans entailles sur la plaque recouverte de papier cuisson, les piquer à la fourchette et répartir la compote au milieu de chacun. Poser les pommes, la peau vers le haut, sur la compote (6). Badigeonner de jaune d'œuf la pâte qui dépasse.

4 Déposer les disques restants sur les pommes en les collant bien à la pâte puis les badigeonner de jaune d'œuf (7). Enfourner 15 minutes à 180 °C (8). Saupoudrer du sucre glace puis déguster (9).

ASTUCE CHEFCLUB

Afin d'ouvrir les noix sans casser le fruit et conserver de beaux cerneaux, pressez le casse-noix contre les lobes de la coquilles et non contre les soudures comme on le fait instinctivement. Les noix en ressortent bien plus souvent indemnes.

LA RECETTE EN VIDÉO

L'idée Chefclub

DES TARTES AUX POMMES INDIVIDUELLES ET SURPRENANTES

+ 10 MIN AU FOUR
5 MIN

LE FLAN PÂTISSIER CHEFCLUB

UN JEU D'ENFANT : C'EST PAS DU FLAN !

4 PERSONNES

INGRÉDIENTS

Pour 4 flans :
1 pâte feuilletée
4 Flanby®
1 jaune d'œuf

MATÉRIEL

2 ramequins (ou verres) de largeurs différentes
1 pinceau

1 Avec le grand ramequin, former 8 disques dans la pâte feuilletée (1). Avec le petit ramequin, couper un disque plus petit dans 4 des disques pour former des anneaux (2).

2 Poser les 4 anneaux sur les 4 disques restants (3) puis démouler un Flanby® au milieu (4-5).

3 Badigeonner de jaune d'œuf la pâte (6). Enfourner 10 minutes à 180 °C (7-8). Déguster chaud avec des fraises (9).

ASTUCE CHEFCLUB

Découpez les chutes de pâte et les petits disques retirés en fines lamelles et posez-les sur la plaque avant d'enfourner. Vous obtiendrez des mouillettes croustillantes à tremper dans le flan !

LA RECETTE EN VIDÉO

L'idée Chefclub

TRANSFORMEZ UN FLANBY® EN FEUILLETÉ

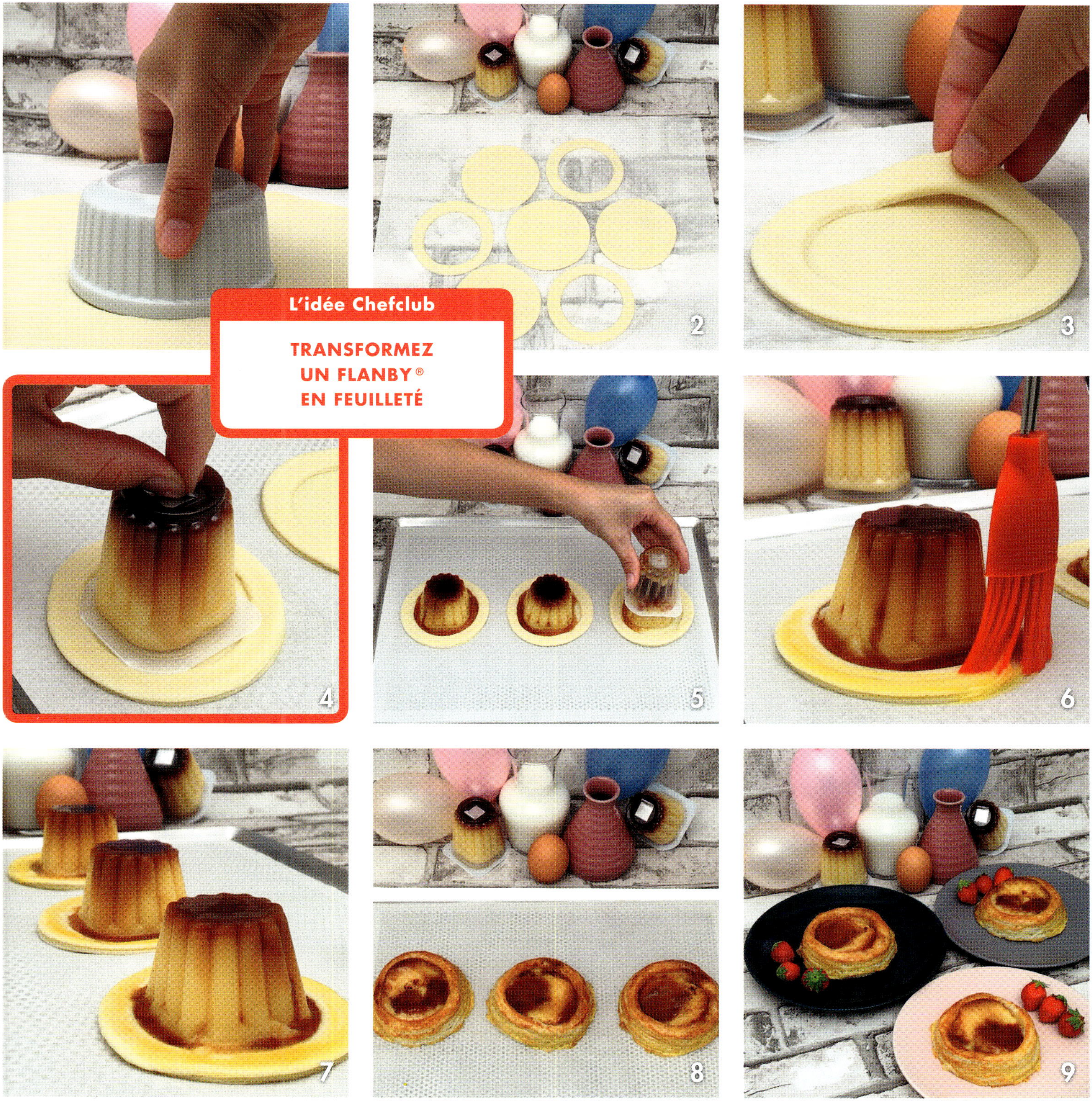

10 MIN

LES FRITES SUCRÉES

ET LEUR KETCHUP FRUITÉ !

4 PERSONNES

INGRÉDIENTS

200 g de compote de pommes
125 g de framboises
125 g de mûres
1 pâte feuilletée rectangulaire
10 g de sucre
1 c. à c. de cacao en poudre
Huile végétale

MATÉRIEL

1 mixeur
1 friteuse ou 1 casserole

1 Mixer la compote de pommes avec les framboises et les mûres (1). Couper la pâte feuilletée en 2 puis chaque moitié en lamelles de même taille (2). Faire frire les lamelles (3).

2 Mélanger le sucre et le cacao et en saupoudrer les frites bien égouttées. Déguster les frites en les trempant dans la compote (4).

ASTUCE CHEFCLUB

Hors saison, n'hésitez pas à utiliser des fruits rouges surgelés ! Cela n'aura aucune incidence sur cette recette et c'est bien meilleur et plus responsable que des fruits qui ont voyagé.

LA RECETTE EN VIDÉO

2

L'idée Chefclub

UN DESSERT TROMPE-L'ŒIL EN 3 INGRÉDIENTS

3

4

VOS CADEAUX DE BIENVENUE !

Félicitations ! Vous faites désormais partie de la grande famille Chefclub !
À ce titre, voici quelques avantages qui vous sont réservés :

Débloquez maintenant UN PACK DE 3 RECETTES INÉDITES et réalisables en moins de 10 minutes !

Comment débloquer ces vidéos secrètes ?

1. Téléchargez gratuitement l'application Chefclub
2. Une fois dans l'application, scannez le QR code ci-dessus et c'est parti !

Disponible sur App Store

DISPONIBLE SUR Google play

REJOIGNEZ LE CLUB PRIVÉ, LE GROUPE D'ENTRAIDE DE CHEFCLUB

Vous pourrez interagir avec la communauté, poser vos questions, poster vos réalisations, obtenir des conseils, partager vos astuces… Pour y accéder, recherchez sur Facebook **« le Club Privé Chefclub »** puis cliquez simplement sur « Rejoindre le Club Privé » et répondez à la question qui vous sera posée.

FAITES PASSER VOS RECETTES À LA POSTÉRITÉ !

Vous avez travaillé dur ? Vous avez innové en changeant quelques ingrédients ? Quoi qu'il en soit, vous avez raison d'être fier(e) de votre création ! Envoyez vos photos à **communauté@chefclub.tv** et nous les partagerons avec la communauté sur Instagram en mentionnant votre compte.

PARTICIPEZ AUX ATELIERS CHEFCLUB ET RENCONTREZ TOUTE L'ÉQUIPE

Travailler main dans la main avec notre communauté est une priorité. C'est la communauté qui décide du titre et de la couverture des livres que vous lisez, c'est elle qui participe à l'élaboration **des sauces Chefclub,** c'est encore elle qui conçoit les premiers ustensiles de la gamme **Chefclub Merveilles.** Nous organisons régulièrement des ateliers à Paris et, en tant que membre de la communauté, vous aurez peut-être l'occasion d'y participer.

MERCI

Un immense merci de la part de notre équipe internationale ! Ce livre, les précédents, les suivants ainsi que tous nos projets en cours ou à venir n'auraient jamais pu voir le jour sans vous. C'est grâce à votre soutien que nous avons parcouru un tel chemin...

Mai 2019

65 millions d'abonnés sur les réseaux et 300 000 livres déjà vendus ! À suivre…

Avril 2019

Sortie du 1er ustensile de la gamme Chefclub Merveilles.

Décembre 2018

Ouverture du Chefclub ministore, notre boutique éphémère ! Nous vous retrouvons à la gare Montparnasse (Paris) pour les fêtes de fin d'année.

Novembre 2018

5 nouveaux livres sortent : *Le Sucré*, *Light & Fun* et *L'Apéro* puis le *Best Of (Vol.2)* et enfin *La Raclette*.

Octobre 2018

Nous réunissons pour la 1re fois des membres de la communauté pour co-créer un nouveau produit : les sauces Chefclub.

Juin 2018

Chefclub déménage dans son atelier au centre de Paris avec une équipe de 32 personnes.

Novembre 2017

Chefclub auto-édite le *Best Of (Vol. 1)*. Vos vidéos préférées sont rassemblées dans un 1er livre !

Février 2017

10 millions d'abonnés sur les réseaux sociaux. Nous sommes 10 à travailler dans l'appartement.

Mai 2016

Chefclub s'exporte. Nos vidéos partent à la conquête des cuisines du monde entier.

Avril 2016

« On s'amuse en cuisine ». L'ADN de Chefclub se précise. Nous nous efforçons de proposer des recettes extraordinaires avec des ingrédients ordinaires.

Février 2016

3 frères transforment la cuisine de l'appartement familial en studio de fortune. La 1re vidéo est publiée… Il va falloir progresser !

Rendez-vous sur **www.chefclub.tv/fr/story**
pour suivre l'aventure et retrouver les photos et vidéos des grandes étapes Chefclub !

ENCORE FAIM ?

Découvrez toute la collection des livres de recettes Chefclub

RENDEZ-VOUS SUR LE SITE

NOUVEAU

CHEFCLUB MERVEILLES

LES USTENSILES POUR ÉMERVEILLER VOS INVITÉS

Notre 1er ustensile :

LA MADELEINE GÉANTE ET SES PETITS

Index

2019, Snacking Media
53, rue de Chabrol
75010 Paris - France

Ce livre ne peut pas être vendu hors de son coffret.

Dépot légal : juin 2019
ISBN : 978-2-490129-28-7
Édition n°1 - Imprimée en Europe par Koryo en juin 2019